BEI GRIN MACHT SICH IHR WISSEN BEZAHLT

AF143595

- Wir veröffentlichen Ihre Hausarbeit,
  Bachelor- und Masterarbeit

- Ihr eigenes eBook und Buch -
  weltweit in allen wichtigen Shops

- Verdienen Sie an jedem Verkauf

Jetzt bei www.GRIN.com hochladen
und kostenlos publizieren

Bibliografische Information der Deutschen Nationalbibliothek:

Die Deutsche Bibliothek verzeichnet diese Publikation in der Deutschen National-
bibliografie; detaillierte bibliografische Daten sind im Internet über http://dnb.d-
nb.de/ abrufbar.

Dieses Werk sowie alle darin enthaltenen einzelnen Beiträge und Abbildungen
sind urheberrechtlich geschützt. Jede Verwertung, die nicht ausdrücklich vom
Urheberrechtsschutz zugelassen ist, bedarf der vorherigen Zustimmung des Verla-
ges. Das gilt insbesondere für Vervielfältigungen, Bearbeitungen, Übersetzungen,
Mikroverfilmungen, Auswertungen durch Datenbanken und für die Einspeicherung
und Verarbeitung in elektronische Systeme. Alle Rechte, auch die des auszugsweisen
Nachdrucks, der fotomechanischen Wiedergabe (einschließlich Mikrokopie) sowie
der Auswertung durch Datenbanken oder ähnliche Einrichtungen, vorbehalten.

Impressum:

Copyright © 2010 GRIN Verlag, Open Publishing GmbH
Druck und Bindung: Books on Demand GmbH, Norderstedt Germany
ISBN: 978-3-668-13008-1

Dieses Buch bei GRIN:

http://www.grin.com/de/e-book/314057/bildung-und-erziehung-im-alten-rom-
griechische-einfluesse-und-zeitgenoessische

Sina Timm

Aus der Reihe: e-fellows.net stipendiaten-wissen

e-fellows.net (Hrsg.)

Band 1693

Bildung und Erziehung im alten Rom. Griechische Einflüsse und zeitgenössische Kommentare

GRIN Verlag

GRIN - Your knowledge has value

Der GRIN Verlag publiziert seit 1998 wissenschaftliche Arbeiten von Studenten, Hochschullehrern und anderen Akademikern als eBook und gedrucktes Buch. Die Verlagswebsite www.grin.com ist die ideale Plattform zur Veröffentlichung von Hausarbeiten, Abschlussarbeiten, wissenschaftlichen Aufsätzen, Dissertationen und Fachbüchern.

Besuchen Sie uns im Internet:

http://www.grin.com/

http://www.facebook.com/grincom

http://www.twitter.com/grin_com

Inhaltsverzeichnis

1) Einleitung

Im täglichen Lateinunterricht übersetzt man beständig lateinische Quellen und analysiert ihren Gehalt. Der Inhalt der Texte scheint zuweilen ziemlich modern, von Senatssitzungen oder der Wahl neuer Volksvertreter ist die Rede, auch philosophische Gedanken werden geäußert, sodass man kaum glauben mag, dass die Schriften teilweise mehr als 2000 Jahre alt sind.

Im Geschichtsunterricht lernen wir, dass es schwierig ist, Details über das Leben im Mittelalter zu erfahren, da es keine Textquellen gibt. Über das alte Rom, das zeitgeschichtlich viel weiter zurückliegt, haben wir dank zahlreicher Schriftstücke jedoch detaillierte Kenntnisse.

Wie kommt es also, dass vor 2000 Jahren so viel niedergeschrieben wurde? Ist die Fülle der Schriftwerke auf umfassende Schriftkenntnisse in der Bevölkerung zurückzuführen?

Aus heutiger Sichtweise verbirgt sich das größte Potential einer Gesellschaft in den Kindern, sie tragen den Staat fort. Wie wurde ein junger Römer also damals erzogen, welche Bildung erhielt er, um auf die Aufgaben des täglichen Lebens in der Republik oder im Kaiserreich vorbereitet zu sein?

Mit diesen Fragen möchte ich mich in dieser Facharbeit näher befassen.

Dabei werde ich die altrömische Erziehung betrachten, die griechischen Einflüsse auf das Erziehungs- und Bildungssystem schildern und außerdem die Ansichten einiger Zeitgenossen zum Thema Bildung und Erziehung darstellen.

2) Die altrömische Erziehung

2.1) Voraussetzungen

Der römische Staat und das römische Volk sind geprägt von ihrer Geschichte und Vergangenheit. Die Berufung auf die *mores maiorum* als Grundwerte der Erziehung sind von großer Bedeutung, da diese Tugenden als die Grundpfeiler der Vormachtstellung Roms galten.

Die *mores maiorum* werden benannt als *gravitas, constantia, magnitudo animi, probitas, fides* und *virtus* [1] (Würde, Standhaftigkeit, Geistesgröße, Tüchtigkeit, Verlässlichkeit, Tugendhaf-

---

[1] Vgl. Christes, Johannes; Klein, Richard; Lüth, Christoph: Handbuch der Erziehung und Bildung in der Antike, Darmstadt, Wissenschaftliche Buchgesellschaft, 2006, S.44

tigkeit). Eine Erziehung entsprechend dieses Wertekanons sollte einen guten Staatsbürger hervorbringen, der seinen Platz in der Gesellschaft aufs Beste ausfüllt.

Gewissenhafte Staatsbürger (*cives*) waren eine Grundvoraussetzung für die Erhaltung und Vergrößerung des Imperiums.

Die Abstammung der Römer von einem agrarisch geprägten Volk bewirkte die Praxisnähe der Erziehung.

Die Zeit der altrömischen Erziehung dauerte von der Mitte des 7. Jhs. v. Chr. bis etwa zur Mitte des 2. Jhs. v. Chr. [2].

Im 3. und 2. Jh. v. Chr. begannen die griechischen Erziehungsansichten die römische Lebensweise zu beeinflussen, sodass sich die altrömische Erziehung langsam weiterentwickelte. Dazu aber erst später mehr.

2.2) Erziehung und Bildung

Ein Kind galt im alten Rom als ungeformtes Lebewesen, das durch psychische und physische Maßnahmen geformt werden musste. Dabei verstand man unter psychischer Formung die Vermittlung gesellschaftlicher Werte, unter physischer Formung den Einsatz von körperlicher Züchtigung als Erziehungsmittel.

Die Erziehung oblag der Familie: bis zum 7. Lebensjahr der Mutter, danach bei Jungen auch dem Vater.

Die Ausbildung von Jungen und Mädchen unterschied sich jedoch stark. Das Erziehungsziel für Mädchen, war das Heranziehen einer fähigen zukünftigen Ehefrau. Haushaltsführung, Nähen und Stricken waren Fähigkeiten, die ein Mädchen von ihrer Mutter erlernte. Mit 12 bis 13 Jahren war die Ausbildung abgeschlossen. Das Mädchen war nun im heiratsfähigen Alter. Die Erziehung der Mädchen, wie auch die der Jungen, basierte auf dem Prinzip „ durch die Praxis für die Praxis"[3].

Die Verinnerlichung der *mores maiorum* sowie die Vermittlung praktisch anwendbaren Wissens standen im Vordergrund der Jungenerziehung. Bis zum 7. Lebensjahr wurden die Knaben von der Mutter erzogen, danach wurde die Entwicklung des Sohnes vom Vater beaufsich-

---

[2] Vgl. Steck, Christian: Die Erziehung und die Schulen der Römer, Passau, 1996/1997, http://www.christian-steck.de/erziehung.htm, Zugriff: 13.12.2009
[3] Christes, Klein, Lüth, 2006, S.44

tigt. Der Vater lehrte, was der entsprechende Beruf erforderte, ebenso, was die Gesellschaft von einem Mann erwartete. Für den Beruf konnten handwerkliche Tätigkeiten Lerninhalt sein, aber auch Schreiben, Lesen, Rechnen und Buchführung. Der intellektuelle Anteil der Erziehung war jedoch insgesamt sehr gering. Selbst in gehobeneren Kreisen fanden Wissenschaft und Künste noch keinerlei Anerkennung.

Zur gesellschaftlichen Ausbildung zählte auch die Unterweisung im Sport. Dabei galt Sport jedoch nicht als Zeitvertreib, vielmehr wurden Disziplinen gefördert, die militärischen Charakter hatten und später für den Militärdienst nützlich sein würden.

Mit ungefähr 16 Jahren sollte die elterliche Erziehung des jungen Mannes abgeschlossen sein. Die Vorbereitung für sein Leben als *pater familias* mit der Verantwortung politische und militärische Aufgaben als Staatsbürger wahrzunehmen war beendet.

In diesem Alter wurden die jungen Römer in die Bürgerlisten eingeschrieben und begangen feierlich das Anlegen der *toga virilis*, dem Kleidungsstück der Männer.

Bei besser gestellten Römern folgte nun für die Jungen ein praktisches Lehrjahr, das *tirocinium fori*. Es kennzeichnete den Beginn des Lebens in der Öffentlichkeit.

Der junge Mann begleitete für ein Jahr einen angesehenen Redner, Politiker oder Juristen [4] und wurde so in das gesellschaftliche Leben eingeführt.

Interessant zu erwähnen ist, dass bereits zu dieser Zeit, die Frage nach der richtigen Erziehungsform auftritt. Die Leitbilder „*patria potestas*" und „liebevoller Vater" standen stets im Konflikt. Bereits Terentius behandelt in seiner Komödie „Adelphoe", wie verschiedene Erziehungskonzepte verschiedene Menschen hervorbringen. So verhält sich der liberal erzogene Junge letztlich maßvoll und zurückhaltend, während sich der autoritär erzogene Sohn zügellos gehen lässt. Dennoch konnte sich ein liberales Erziehungskonzept im alten Rom nicht durchsetzen.

3) Griechischer Einfluss

Im Laufe des 3. und 2. Jhs. v. Chr. nahm der griechische Einfluss im römischen Reich zu. Durch Bündnisse und Eroberungskriege war Rom zu einem Weltreich aufgestiegen, dem auch die griechischen Stadtstaaten als Kolonien angehörten. Das hellenistische Gedankengut und

---

[4] Vgl. Christes, Klein, Lüth, 2006, S.74

das fortschrittliche Bildungswesen beeindruckten auch die Römer und führten zu einer intellektuelleren Erziehung der Jugend[5].

Die Veränderung vollzog sich jedoch nur langsam. Neuerungen und Anpassungen wurden stets am Leitgedanken „utilitas" und „ usus" (Nutzen und Praxis)[6] geprüft.

Daher konnte sich das Ideal des kultivierten Menschen mit Fähigkeiten in allen Bereichen in Rom nicht ganzheitlich durchsetzen. Insbesondere die Kunst der Rhetorik fand im alten Rom Anerkennung, Kunst, Musik und Athletik wurden hingegen vernachlässigt.

3.1) Erziehung

Die kindliche Erziehung blieb auch in der Spätantike und Kaiserzeit Privatsache.

Weiterhin fand die Erziehung des Kindes in der Familie statt, dies beinhaltete jedoch bei wohlhabenderen Familien die Unterstützung durch Hausangestellte.

Die Jungen sollten zu aufrechten Staatsbürgern, die Gehorsam ebenso wie Entscheidungsfreude beherrschen, ausgebildet werden.

Die Mädchen erhielten Unterricht in Spinnen, Weben und Sticken, graziöser Bewegung und Musik. Diese Unterweisungen sollten sie auf ihre spätere Rolle als Haushälterin und Unterhalterin des Gatten vorbereiten.

In vermögenden Familien wurden bereits die Säuglinge oft einer Amme anvertraut, die bis zum Schulbesuch die hauptsächliche Bezugsperson für den Nachwuchs darstellte, und ihm als einzige menschliche Nähe gewährte.

Eine emotionale Bindung an die Eltern, wie wir es heute in Familien finden, war damals eher verpönt, da die Zöglinge durch Härte zu aufrechten Menschen erzogen werden sollten.

Allgemein galt das Kindesalter als ein Zustand der Unvollkommenheit, der schnellstmöglich überwunden werden sollte. Der „*puer senex*"[7], der über sein Alter gereifte Junge, war daher ein Ideal.

---

[5] Vgl. Tempel, Sylke: Das alte Rom, Berlin, Rowohlt, 2001, S.36
[6] Vgl. Christes, Klein, Lüth, 2006, S.18
[7] Vgl. Christes, Klein, Lüth, 2006, S.48

Ab einem gewissen Alter unterstützte der *paedagogus* die Amme bei der Erziehung der Kinder. Bei den *paedagogi* handelte es sich oftmals um gebildete Sklaven, die dem Nachwuchs „Folgsamkeit und Weisheit" [8] näher brachten.

Sie sollten den Nachwuchs eine aufrechte Körperhaltung, moralisches Verhalten und gute Manieren lehren. Später unterstützten sie ihre Schützlinge auch beim Lernen und berichteten Fortschritte den Eltern.

Die Römer bevorzugten spartanisches Personal für die Kindeserziehung, da dieses als besonders streng und effizient galt. Der zeitgenössische Dichter Plutarch betont daher, wie wichtig eine sorgfältige Auswahl der Amme sei, da die ersten Kindheitserlebnisse prägend für den Heranwachsenden wären [9].

Gerade deshalb rieten viele kontemporäre Gelehrte, so Quintilian, auch, die Beaufsichtigung der Kinder nicht anderen zu überlassen, denn eine gute Erziehung garantiere späteren Erfolg [10].

Ein wichtiger Vorteil der Erziehung durch griechische Haussklaven lag jedoch in der Vermittlung der griechischen Sprache bereits im Kindesalter, und nicht erst später in der Schule. Denn Griechisch war zu der Zeit die Sprache der Diplomatie, gleichzusetzen mit dem Englischen heute.

Neben den eben ausgeführten Aspekten häuslicher Erziehung, gewann in der Spätantike und Kaiserzeit die intellektuelle Ausbildung in öffentlichen Schulen oder im Privatunterricht für Jungen und Mädchen an Bedeutung.

Begüterte Familien ließen ihre Kinder hierbei oft von Hauslehrern unterrichtet, insbesondere Mädchen wurden vorzugsweise privat ausgebildet.

---

[8] Christes, Klein, Lüth, 2006, S. 52
[9] Vgl. Rilinger, Rolf: Lust and der Geschichte: Leben im alten Rom, München, Serie Piper, 1989, S.68
[10] Vgl. Rilinger, 1989, S.102

3.2) Die Schulen

Nach griechischem Vorbild entwickelten sich auch in Rom öffentliche Schulen. Es entstand ein dreigliedriges Schulsystem bestehend aus Elementarschule (*ludus litterarius*, später *schola*), höheren Grammatikschulen (*grammaticus*) und hochschulartigen Rhetorikschulen. Die schulische Ausbildung blieb jedoch freiwillig.

3.2.1) Die Elementarschule

Einen Zeitpunkt zu benennen, ab dem es Elementarschulen, so genannte *ludi literarii*, in Rom gab fällt schwer, da zeitgenössische Dichter ihre Angaben zwischen dem 5. Jh. v. Chr. und dem 3. Jh. v. Chr. variieren.

Die Elementarschulen waren öffentliche Schulen, es waren „Privatunternehmen von Lehrpersonen, die gegen Entgelt die ihnen anvertrauten Kinder unterrichteten"[11]. Hierbei bedurfte es keiner besonderen Qualifikationen um Lehrer zu werden, entsprechend niedrig waren meist auch Ansehen und Bezahlung.

In den Elementarschulen wurden Jungen und Mädchen zwischen 7 und 12 Jahren koedukativ unterrichtet, wobei Historiker von einem etwa 50prozentigen Mädchenanteil ausgehen.

Am Morgen fanden sich die Kinder, bessergestellte- von einem Sklaven oder dem *paedagogus* begleitet, an ihrem jeweiligen Schulort ein. Der Schulort konnte das Forum, eine Säulenhalle oder ein Ladenlokal sein. Es gab also keinen speziellen, ruhigen Ort für den Schulunterricht, vielmehr fand das Lernen inmitten des alltäglichen Lärms, meist nur von einem Vorhang vom Straßentreiben abgetrennt, statt.

Die Einrichtung bestand aus einer Tafel (*titulus*), einem Katheder für den Lehrer und Schemeln oder Bänken für die Schüler (s. Anhang, Abb.1). Talglampen, Griffel (*stilus*), Wachstäfelchen (*pugillares*) (s. Anhang, Abb.2) und manchmal auch das Rechenbrett (*abacus*) (s. Anhang, Abb.3) mussten von den Schülern als Unterrichtsmaterialien mitgebracht werden.

Der Unterricht begann vor Sonnenaufgang und reichte bis in den Nachmittag hinein, wobei der Lehrvortrag mittags für eine kurze Pause unterbrochen wurde. Er dauerte mindestens 6

---

[11] Christes, Klein, Lüth, 2006, S.101

Stunden täglich. Freizeit hatten die Schüler an Markttagen und bestimmten Feiertagen, die Sommerferien dauerten von Juli bis Oktober[12].

Der Lehrer, *litterator* oder *magister ludus*, brachte seinen Schützlingen das Lesen und Schreiben bei, ein Mathematiklehrer, der *calculator*, übernahm die Einweisung in das Rechnen.

Mangelnder Fleiß oder Ungehorsam in der Schule wurden vom *litterator* durch Schläge bestraft, oftmals die einzige Möglichkeit, sich gegenüber ranghöheren Schülern Respekt zu verschaffen.

Das Lesen- und Schreibenlernen gestaltete sich im alten Rom nach einem äußerst starren Muster. Zunächst wurden die einzelnen Buchstaben gelernt. Dann studierte man das Alphabet, vorwärts und rückwärts. Beherrschte man das, übte man sich an ersten Buchstabenverbindungen, danach ersten Silben. Langsam folgten ganze Wörter und später kurze Sätze. Insgesamt musste viel auswendig gelernt und aufgesagt werden, da auf den Wachstäfelchen der vorhandene Platz knapp war, und das Geschriebene so bald wieder ausgelöscht werden musste. Texte die rezitiert wurden, hatten fast immer einen moralischen Gehalt.

Vom *calculator* lernten die Schüler Addition und Subtraktion, manchmal ein wenig Prozentrechnung. Das Bildungsziel bestand darin, den Kindern beizubringen, was sie später im Arbeitsalltag benötigen würden: Und das war in den meisten Berufen einfaches Rechnen und Schreiben.

Nach Abschluss der Elementarschule mit 11 bis 12 Jahren, war für einen großen Anteil der Schüler die Schullaufbahn beendet. Während für Jungen aus wohlhabenden Familien die Ausbildung in der Grammatikschule fortgesetzt wurde, durften Mädchen äußerst selten eine höhere Ausbildungsstätte besuchen. Sie bereiteten sich auf die mit 12 bis 14 Jahren stattfindende Vermählung vor, und wurden dann durch den Ehemann weiter unterrichtet[13].

Obwohl viele Handwerkerkinder nicht einmal die Elementarschule besuchten, herrschte ein hoher Alphabetisierungsgrad im alten Rom.

3.2.2) Die Grammatikschule

Konnten die Eltern den Besuch einer Grammatikschule finanzieren, so schloss sich der Besuch der höheren Schule an den erfolgreichen Abschluss der Elementarschule an. Ein Ab-

---

[12] Vgl. König, Ingemar: VITA ROMANA, Vom täglichen Leben im alten Rom, Darmstadt, Wissenschaftliche Buchgesellschaft, 2004, S. 111 ff.
[13] Vgl. Christes, Klein, Lüth, 2006, S.54

schluss- oder Versetzungszeugnis wurde zwar nicht ausgestellt, doch schrieben die Elementarlehrer Empfehlungen für ihre Schützlinge aus.

Der Grammatiker verfügte generell über größeres Ansehen als der Elementarschullehrer, entsprechend höher war auch das geforderte Schulgeld.

Erste Grammatikschulen entwickelten sich ca. 100 v. Chr. [14].

Die Räumlichkeiten ebenso wie die Methoden in den *grammaticus* ähnelten denen des *ludus litterarius*.

Im Vordergrund des Unterrichts stand die Dichterlektüre, wobei zunächst insbesondere griechische Schriften gelesen wurden, später auch lateinische Schriftsteller. Zu den Standardwerken zählten Homers Epen, wie die „Ilias" und die „Odyssee", aber auch Vergils „Aeneis" wurde stets gelesen[15].

In der Grammatikschule genügte jedoch nicht allein das Lesen eines Textes, das Schriftstück wurde intensiv bearbeitet: Es wurde vorgelesen, nachgesprochen, aufgeschrieben und in Teilen auswendig gelernt.

Das Textverständnis wurde verbessert, indem man eine genaue metrische und grammatische Analyse des Stückes vornahm.

Ein besseres Sprachverständnis und korrekte Anwendung der Grammatik waren schließlich Hauptziele des höheren Schulunterrichts.

Der Bildungsinhalt des so genannten *trivium,* die Lehren der Grammatik, Rhetorik und Dialektik, wurde hierbei deutlich höher bewertet als die Elemente des *quadriviums*: Arithmetik, Geometrie, Astronomie und Musiktheorie[16].

Letztgenannte Elemente wurden im Unterricht lediglich behandelt, wenn es Voraussetzung für das Lektüreverständnis war. Wie der Altertumswissenschaftler Jérôme Carcopino treffend formuliert: „Man studierte die Musik, soweit von ihr das Verständnis der Chöre in den griechischen Tragödien abhing; die Geographie, wenn es Odysseus auf den Irrfahrten zu folgen galt; die Geschichte, weil ohne sie manche Stelle der Aeneis unverständlich geblieben wäre;

---

[14] Vgl. Christes, Klein, Lüth, 2006, S.101
[15] Vgl. Tempel, 2001, S.37
[16] Vgl. Christes, Klein, Lüth, 2006, S.108

die Astronomie, sobald in einem Vers ein Stern auf- oder unterging; die Mathematik, soweit von ihr Musik und Astronomie abhingen." [17].

Nach ungefähr 4 Lernjahren verließen die Jungen die Grammatikschule mit guten Kenntnissen der griechischen und römischen Lyrik, und begannen nun entweder ihre Ausbildung oder wechselten an die Rhetorikschule, wo sie ihre Kenntnisse der Prosa erweitern konnten.

3.2.3) Die Hochschule

Zur Vervollkommnung der sprachlichen Fähigkeiten und als Vorbereitung auf eine Laufbahn im höheren Dienst, besuchten junge Römer nach dem Anlegen der *toga virilis* mit ungefähr 16 Jahren die Rhetorikschule.

Der Besuch der Redeschule stand nur Söhnen der Oberschicht offen, da das Schulgeld etwa dem Jahresgehalt eines Handwerkers entsprach[18]. Außerdem entstanden Kosten für Unterkunft und Verpflegung, da sich die Hochschule selten im Heimatort befand. Spätestens mit Besuch der Rhetorikschule verließ der Nachwuchs also zeitweilig das Elternhaus.

Rhetorikschulen fanden sich in den römischen Großstädten, einige gingen jedoch auch in das Heimatland der Rhetorik, nach Griechenland, um dort zu studieren. In Rom gab es ab Ende des 2. Jhs. v. Chr. Hochschulen[19]. Unter Kaiser Vespasian wurden dann auch die ersten staatlichen Lehrsitze eingerichtet sowie Steuererleichterungen für Hochschullehrer gewährt.

Das Studium fern der Familie bedeutete eine gewisse Freiheit, dennoch wurde das korrekte Verhalten des Jugendlichen durch den *paedagogus* weiterhin überwacht.

Das Ziel der Rhetorikschulen, war die Ausbildung der Jungen für die Tätigkeit im Staatsdienst, insbesondere das Durchlaufen des *cursus honorum* (Ämterlaufbahn). Wichtige Fähigkeiten für diese Tätigkeit waren die Rhetorik, z.B. für Reden im Senat, aber auch Kenntnisse der Jurisprudenz, z.B. für die Arbeit als Rechtsberater.

Die Künste, die der *rhetor* oder auch *orator* seine Schüler lehrte, entsprachen hauptsächlich denen der Grammatikschule: römische und griechische Grammatik, Dialektik und Rhetorik. Mit den Naturwissenschaften Geometrie, Arithmetik, Astronomie und Musiktheorie beschäftigten sich vornehmlich Philosophen.

---

[17] Tempel, 2001, S.38
[18] Vgl. Sobhiafshar Yashar: Roms Entstehung Sage und Realität, Graz, 2002/2003, S.7, http://schulen.eduhi.at/gym-kirchengasse/02_portfolio/dokumente/5a_yashar.doc, Zugriff: 15.12.2009
[19] Vgl. König, 2004, S.118

Allein der Unterricht in der Jurisprudenz stellte eine wesentliche Neuerung gegenüber dem Unterrichtsprogramm der Grammatikschulen dar. Die Rechtslehre als eigenständige Wissenschaft war zudem die einzige wirklich römische Errungenschaft in der Bildung.

Der Rhetorikunterricht fand am Vormittag statt, wobei die Örtlichkeit meist ein großer Saal darstellte, der eine ruhigere Atmosphäre versprach, als die Schulorte der niedrigeren Schulen.

Der Unterricht hatte einen theoretischen und einen praktischen Aspekt, wobei beide Teilgebiete parallel behandelt wurden[20]. Zur Theorie zählte das Erlernen rhetorischer Grundlagen, wie Textaufbau und Stilmittel, sowie das Studium der Vorbilder mit Analyse, Interpretation und Auswendiglernen. Praktisch wurden diese Kenntnisse angewendet, um Reden nach Themenvorgabe des Lehrers zu schreiben, diese dann zu lernen, und anschließend zu deklamieren. Der Schüler konnte hierbei seinen Fortschritt an der Resonanz des Publikums ablesen, denn für die Deklamationen wurden stets fremde Zuhörer eingeladen[21].

Mit spätestens 20 Jahren endete die Lehrzeit in der Rhetorikschule, womit die Schulausbildung beendet war und der junge Römer in die Arbeitswelt entlassen wurde.

4) Kommentare einiger Zeitgenossen zu Erziehung und Bildung

Bereits frühzeitig machten sich römische und griechische Gelehrte Gedanken zum Thema Erziehung und Bildung. Quintilian, der das umfassende Lehrwerk *„Institutio oratoria"* („Von der Ausbildung des Redners") geschrieben hat, äußerte sich umfangreich, wie Kindeserziehung gestaltet sein solle, und was die Lehrer an ihrem Unterricht verbessern müssten.

Quintilian forderte, dass die Eigenarten der Kinder als altersspezifisch akzeptiert werden sollen, und verachtete daher das Ideal des *puer senex*. Einhergehend damit, kritisierte er die körperliche Züchtigung der Jüngsten. Seiner Ansicht nach würde derartige Härte der leicht formbaren kindlichen Seele nur schaden, aber nicht zu Festigung verhelfen. Vielmehr solle die Erziehung voller Sorgfalt geschehen, denn eine gute Erziehung könne den Mangel natürlicher Anlagen immer ausgleichen[22]. In dieser Meinung wurde Quintilian durch den Griechen Plutarch unterstützt[23].

---

[20] Vgl. Christes, Klein, Lüth, 2006, S.107
[21] Vgl. Christes, Klein, Lüth, 2006, S.140
[22] Vgl. Christes, Klein, Lüth, 2006, S.21
[23] Vgl. Tuor-Kurth, Dr. Christina: Vorstellungen vom Kind in der griechisch-römischen Antike und im frühen

Für die intellektuelle Ausbildung der Kinder begünstigte Quintilian, ebenso wie Aristoteles, die gemeinschaftliche schulische Ausbildung gegenüber dem Privatunterricht, da in der Gemeinschaft rechtes Sozialverhalten gelernt wird und im Wettbewerb der Ehrgeiz angespornt wird. Hiermit steht er zum Teil im Gegensatz zu einigen römischen Gelehrten, wie Cato Censorius, der sich auf die alten römischen Tugenden beruft, und die gesamte Ausbildung in privater Verantwortung sieht[24]. Entsprechend kritisiert Cato sämtlichen griechischen Einfluss, wobei er dabei kaum Zuspruch anderer Dichter findet.

Auch wenn Quintilian die schulische Ausbildung generell als wertvoll ansieht, so empfindet er, dass es durchaus Raum für Verbesserung gibt. Allgemein gibt es zahlreiche römische Dichter, wie Martial, Juvenal, Petronius oder Tacitus, die die Unterrichtsmethoden und den Unterrichtsinhalt kritisieren.

Bereits beim Schüler-Lehrer-Verhältnis beginnt Libanios seine Kritik. Die Lehrer konnten sich oft nur die Achtung der Schüler erwerben, indem sie harte Strafen verteilten. Libanios ist allerdings der Ansicht, dass die Lernerfolge verbessert würden, wenn ein Vertrauensverhältnis bestünde[25].

Insbesondere der Unterrichtsstoff und auch die Eintönigkeit sind Ansatzpunkt zahlreicher Bemängelung. Wie Seneca damals formulierte: *„Non vitae sed scholae discimus"*, „ Nicht für das Leben, für die Schule lernen wir."[26]. Die Kritik umschließt sowohl die eintönigen, ineffizienten Lehrmethoden als auch die Lerninhalte, die für das spätere Leben nicht nützten. Insbesondere die Rhetorikschulen sahen sich oft dem Vorwurf ausgesetzt, nicht realitätsnah zu lehren. Die fiktiven Fälle, die die Schüler erörtern mussten, waren derart praxisfern, dass sie kaum darauf vorbereiteten einmal im echten Leben eine Rede zu halten. Darüber äußert sich auch Petronius: „Ich glaube, dass unsere jungen Leute in den Rednerschulen verdummt werden, denn nichts, was wir im täglichen Gebrauch verwenden können, hören oder sehen sie dort – nichts als Piraten, die mit Ketten am Ufer stehen, oder Tyrannen, die Befehle erlassen, wonach Söhne ihren Vätern das Haupt abschlagen sollen, oder Orakelsprüche bei einem Ausbruch von Pest, die verlangen, dass drei oder mehr Jungfrauen geopfert werden. Wer mit sol-

---

Christentum sowie Entwicklungslinien in die Kirchengeschichte, Hannover, 2005, http://www.kirchentag2005.de/presse/dokumente/dateien/JUC_7_476.pdf, Zugriff: 07.01.2010
[24] Vgl. Christes, Klein, Lüth, 2006, S.45
[25] Vgl. Christes, Klein, Lüth, 2006, S.118
[26] König, 2004, S.115

cher Kost aufgepäppelt wird, der kann so wenig zur Weisheit gelangen, wie einer gut riechen kann, der in der Küche arbeitet."[27].

Daher verweist zum Beispiel Cicero auf die Wichtigkeit praktischer politischer Tätigkeit[28], die in der altrömischen Erziehung durch das *tirocinium fori* den Jungen nahe gebracht wurde. Und früher, schrieb Tacitus „wurde ein junger Mann, der für das Forum und die Beredsamkeit ausgebildet wurde, von seinem Vater oder Verwandten einem Redner zugeführt, der eine führende Stellung im Staat einnahm. So machte man sie mit der wahren und unverfälschten Redekunst vertraut"[29].

Ein weiterer, nur von wenigen angesprochener, Kritikpunkt Senecas an der Schule, ist der Ausschluss der Mädchen von höherer Bildung. Er forderte, dass Mädchen die gleichen Dinge lernen sollten, wie auch Jungen[30].

Insgesamt gab es jedoch trotz der zahlreichen Appelle und Kritiken der Dichter und Denker am römischen Bildungssystem bis zum Untergang des Reiches keinerlei Veränderung mehr.

5) Fazit

Am Ende der Arbeit sehe ich meine Vermutungen, dass die Römer ein Erziehungs- und Bildungssystem unterhielten, was bis vor wenigen Jahrhunderten im europäischen Raum keinen Vergleich fand, bestätigt. Bereits um das Jahre 0 äußerten römische Philosophen Gedanken zum Thema „Gleichberechtigung der Frauen", die in der Tat erst im vorigen Jahrhundert durchgesetzt werden konnten, und bis heute keine Selbstverständlichkeit darstellen.

Die Auffassung über Erziehung, die allgemein im alten Rom galten, wirken heute etwas fremd und hartherzig, allerdings gab es auch damals schon die Ansicht, dass Aufmerksamkeit und Sorgfalt in der Erziehung unersätzlich sind.

Bereits vor 2000 Jahren debattierten die Menschen, welche Erziehungsform das gehorsamste und erfolgreichste Kind hervorbrächte, eine Diskussion, die bis heute noch keinen Abschluss gefunden hat.

---

[27] Tempel, 2001, S.41
[28] Vgl. Christes, Klein, Lüth, 2006, S.45
[29] Tempel, 2001, S.39
[30] Vgl. Christes, Klein, Lüth, 2006, S.104

Auch die Tatsache, dass es bereits vor so langer Zeit Schulen gab, in denen ein Großteil der Bevölkerung zumindest elementare Schrift- und Rechenkenntnisse erwarb, finde ich beeindruckend. Selbst heute gibt es noch zahlreiche Länder, in denen dieses Ziel nicht verwirklicht ist.

Das Klischee des alten Roms als Wiege der europäischen Zivilisation, findet sich deshalb bei Betrachtung des Bildungssystems definitiv bestätigt. Denn nicht nur einfache Elementarschulen bot das römische Reich, sogar ein 3-gliedriges Schulsystem mit höherer Grammatikschule und Hochschule findet sich bereits. Selbst „Auslandsaufenthalte", die ich immer als moderne Erfindung betrachtet habe, waren für wohlhabende Römer eine Selbstverständlichkeit, die zu einer guten Ausbildung dazugehörte.

Insgesamt resümiere ich, dass es durchaus lohnenswert ist, sich mit dem Leben im alten Rom zu befassen. Letztlich ist es die Befassung mit der europäischen Vergangenheit, einer Vergangenheit, die auch heute noch aktuell ist. So wird die lateinische Sprache auch heute noch im Unterricht gelehrt, Texte von damals heute noch gelesen und diskutiert. Und hätte es damals keine Schulen gegeben, keine Grammatiklehrer, die auf grammatische Exaktheit, keine Rhetoriker, die auf stilistische Perfektion geachtet hätten, so gäbe es heute vermutlich keine lateinischen Texte, die man im Unterricht übersetzen und analysieren kann.

Quellen

Deckblatt

DE SCHOLA ROMANA"Qui bene non didicit, garrulus esse solet.",

http://www.zum.de/Faecher/Materialien/bosch/latein/allgemeines-Dateien/rom.jpg

Zugriff: 20.12.2009

Erziehung,

http://fp.tsn.at/schwaz/programme/geschichte/rom/cdrom_rom/erziehung_janine_martina/seit
en/die_erziehung1.htm

Zugriff: 09.01.2010

Quintilian,

http://www.myshortpencil.com/schooltalk/clipart/quintilian.gif

Zugriff: 09.01.2010

Nero child,

http://www.vroma.org/images/mcmanus_images/nerochild.jpg

Zugriff: 09.01.2010

Printmedien

Christes, Johannes; Klein, Richard; Lüth, Christoph: *Handbuch der Erziehung und Bildung in der Antike*, Darmstadt, Wissenschaftliche Buchgesellschaft, 2006

König, Ingemar: *VITA ROMANA, Vom täglichen Leben im alten Rom,* Darmstadt, Wissenschaftliche Buchgesellschaft, 2004

Rilinger, Rolf: *Lust and der Geschichte: Leben im alten Rom*, München, Serie Piper, 1989

Tempel, Sylke: *Das alte Rom*, Berlin, Rowohlt, 2001

Internet

Giebel, Marion: Quintilian - Ein römischer Schulmeister im Licht der modernen Pädagogik, München 1976 http://www.lrz-muenchen.de/~ud311ah/www/quint.html Zugriff: 08.01.2010

Niederau, Philipp: Navigium, Latein-Wörterbuch http://www.navigium.de/suchfunktion.html Zugriff: 22.12.2009

Polo, Francisco Pina: Die nützliche Erinnerung: Geschichtsschreibung, mos maiorum und die römische Identität, Stuttgart, 2004 http://www.grupohiberus.es/biblioteca/pina3.pdf Zugriff: 25.12.2009

Sobhiafshar, Yashar: *Roms Entstehung Sage und Realität,* Graz, 2002/2003, http://schulen.eduhi.at/gym-kirchengasse/02_portfolio/dokumente/5a_yashar.doc Zugriff: 15.12.2009

Steck, Christian: Die Erziehung und die Schulen der Römer, Passau, 1996/1997, http://www.christian-steck.de/erziehung.htm Zugriff: 13.12.2009

Tuor-Kurth, Dr. Christina: Vorstellungen vom Kind in der griechisch-römischen Antike und im frühen Christentum sowie Entwicklungslinien in die Kirchengeschichte, Hannover, 2005, http://www.kirchentag2005.de/presse/dokumente/dateien/JUC_7_476.pdf, Zugriff: 07.01.2010

Wissen Media Verlag: *Hellenismus* http://www.wissen.de/wde/generator/wissen/ressorts/geschichte/index,page=1120382.html Zugriff: 22.12.2009

Bockisch, Sven: *Schule und Erziehung*, Duisburg http://www.roemische-imperium.de/page/html_alltag_11.html Zugriff: 25.12.2009

16

BEI GRIN MACHT SICH IHR
WISSEN BEZAHLT

- Wir veröffentlichen Ihre Hausarbeit,
  Bachelor- und Masterarbeit

- Ihr eigenes eBook und Buch -
  weltweit in allen wichtigen Shops

- Verdienen Sie an jedem Verkauf

Jetzt bei www.GRIN.com hochladen
und kostenlos publizieren